Waarom

(... ik schrijf)

Klaus Ebner

Waarom

(... ik schrijf)

© 2021 Klaus Ebner, www.klausebner.eu
Vertaling: Klaus Ebner – 'Warum (… ich schreibe)'
Correcties: Amy Smet, België
Omslag ontwerp: Klaus Ebner met behulp van een afbeelding van Janet Gooch op Pixabay, www.pixabay.com, en een foto van Karl Grabherr, www.grabherr-photography.com
Fabricage en uitgeverij: BoD–Books on Demand, Duitsland
Printed in the European Union
ISBN: 978-3-753422442

Inhoud

De vraag

Elke schrijver vraagt zich automatisch af *waarom* hij of zij eigenlijk schrijft. Ik heb zoiets herhaaldelijk gelezen; in artikels en commentaren, en waarschijnlijk ook in secundaire literatuur. Maar is dat echt zo?

Ik denk dat het een beetje anders is: het zijn niet de schrijvers die zichzelf deze soort vraag uit innerlijke noodzaak stellen, nee, deze vraag wordt hen van buitenaf gesteld, door hun sociale omgeving, door de lezers, door vrienden en familieleden, en niet te vergeten journalisten en literatuurwetenschappers die de drive of, zoals je wel eens hoort, de inspiratiebron willen doorgronden die van de in wezen fatsoenlijke burgers schrijvers maakt.

De vraag *waarom schrijven* vraagt om een rechtvaardiging. Maar een rechtvaardiging waarvoor? Het lijkt bijna alsof schrijvers worden gezien als devianten in de samenleving, als *outlaws*, als onverantwoordelijke dagdromers en gekken. Nou ja, misschien zijn we wel een beetje gek, want het nastreven van een roeping die in de meeste gevallen veel werk kost, maar weinig geld oplevert (en vooral slechts voor een beperkt aantal mensen het levensonderhoud veiligstelt) heeft objectief gezien juist weinig te maken met economisch denken of zelfs enige rede.

Om eerlijk te zijn, ik heb mezelf nooit afgevraagd *waarom* ik schrijf. Schrijven maakt deel uit van mijn eigenwaarde, het is de uitdrukking van mijn persoonlijkheid en net zo onmisbaar als een van mijn ledematen. Maar natuurlijk werd ik er alsmaar vaker naar gevraagd, en in de meeste gevallen keek ik naar mijn tegenhanger met een mond vol tanden (ergo dom) en wist ik niet wat ik moest antwoorden. Ik begreep waarschijnlijk niet *wat* er werkelijk werd gevraagd, maar raakte langzamerhand in een langdurig denken.

De vraag om het *waarom* is helemaal niet eenvoudig. Om dichterbij te komen en uiteindelijk zoiets als een werkbaar antwoord te vinden, is het raadzaam om te onderzoeken hoe alles zich ontwikkelde, hoe en waarom ik door mijn kindertijd en jeugd langzamerhand werd wie ik nu ben.

Het begin

Het begint natuurlijk allemaal in de kindertijd. Ik sta de vraag om het waarom hier niet toe, omdat veel van wat er in de kindertijd gebeurt niet onderhevig is aan enige vrijwillige controle, en daarom blijven sommige dingen voor altijd een mysterie.

Mijn sterke affiniteit met taal werd al vroeg aangetoond. Mijn moeder beweerde herhaaldelijk dat ik tegen de leeftijd van *één jaar* vloeiend en in volledige zinnen sprak. Ik vind het moeilijk om deze bewering op het eerste gezicht te vatten, waarschijnlijk omdat ik geen enkel kind in mijn omgeving (inclusief de mijne) ken dat op de leeftijd van slechts één jaar zo'n abnormale taalvaardigheid had.

Wat ik me goed kan herinneren, is dat er de eerste jaren van mijn leven niet zoiets als dialect of argot bestond. We woonden in de stad Wenen, en het was voor mijn ouders belangrijk dat hun zoon *mooi* praatte, dat wil zeggen: *volgens het script*, vaak ook, eigenlijk ten onrechte, *Hoogduits* genoemd. (Mijn familie wist niet dat alle taalvariëteiten, registers en dialecten van het Boven- en Midden-Duits sowieso Hoogduits zijn, en alleen Nederduits afwezig is in het uiterste noorden van de Bondsrepubliek Duitsland.) In de familie hoorde ik bijna niemand in het Weense jargon spreken, met dialect kwam ik op zijn best in contact als onderdeel van een familievakantie in Karinthië (vooral aan de *Klopeiner See*), en mijn bezoek aan de kleuterschool bleef beperkt tot een nauwelijks significante kwestie van een paar weken.

Op een dag, ik was misschien vier of vijf, vloog mijn moeder op me af in het trappenhuis (ik vergat waarom we daar waren) en beschuldigde me ervan een *heel slecht woord* te hebben gezegd. Ik had geen idee waarover ze het had, en uit verwijt, tegenstrijdigheid en nieuwsgierigheid brak een discussie uit. Omdat de oorzaak van haar woede mij een raadsel was, drong ik er bij haar op aan me te vertellen welk woord het was, want alleen dan zou ik kunnen zeggen of het werkelijk uit mijn mond was gekomen of niet. Het duurde wat voelde als een half uur (het was waarschijnlijk maximaal tien minuten) voordat ze eindelijk met het *slechte woord* naar buiten kwam, dat ik me helaas niet meer kan herinneren. Op dat moment hoorde ik het voor het eerst in mijn leven; ik kan me niet herinneren of het obsceen was, maar ik weet zeker dat het een dialectische uitdrukking was.

Het Weense jargon vond pas zijn weg naar mijn persoonlijke taal op het gymnasium, maar enkel wanneer ik alleen was met klasgenoten of vrienden. Omdat ik jargon en dialect nooit als mijn eigen taal heb gezien, maar als iets vreemds waartoe ik gedwongen werd, maar dat ik verwierp en verafschuwde. Het feit dat ik *volgens het schrift* met de leraren mocht en eigenlijk moest praten, was een sprankje hoop dat onmetelijk belangrijk voor me was. (De twee leerkrachten die voor het idee pleitten dialect te spreken met de leerlingen om een beter contact met ze te hebben, hadden bij mij vanaf de eerste dag afgedaan, waarvoor ze zich wreekten met slechte punten.)

Dat ik een grote liefde voor vreemde talen zou ontwikkelen, was op de basisschool nog niet te voorzien. Nooit ben ik mijn eerste proefwerk in het Engels vergeten (een onderwerp dat ik in de vijfde klas blijkbaar als minderwaardig voor mijn kunnen beschouwde), waar ik op de vraag stootte *Does your friend speak German?* Ondanks mijn voortdurende onzorgvuldigheid had ik in ieder geval gemerkt dat eigennamen in het Engels met hoofdletters worden geschreven, en daarom krabbelde ik onversaagd mijn antwoord in het schrift: *Yes, German is my friend.*

Vanaf het eerste jaar van het gymnasium hadden we Latijn. Een fiasco van zes jaar lang! Dat ik nog steeds nooit faalde, was te danken aan de leraar, die mijn talenten aanvoelde (die duidelijk niet in het Latijn lagen) en me daarom op de een of andere manier aan mijn oren door de jaren heen sleepte.

Twee jaar later, tijdens de vakantie voor het derde leerjaar, ontdekte ik Frans. Hoe zal ik het zeggen: liefde op het eerste gezicht! Ik liet mijn klasgenoten ver achter in het eerste jaar, en daarna begon ik andere Romaanse talen op mezelf te leren. Het was voor mij een groot plezier (en dat is het vandaag nog steeds) om al deze, en ook totaal verschillende, talen te leren, bijvoorbeeld ook Arabisch. Bovendien voelde ik me in elke taal aangetrokken tot de literatuur, de romans en verhalen van andere culturen, het lyrische werk en de toneelstukken. Ik was verbaasd over de verschillen in het gebruik van literaire termen en kon al snel auteursnamen noemen die geen van mijn klasgenoten ooit had gehoord.

De boeken (I)

Jargon en dialect maken daarom geen deel uit van mijn literaire bewapening, maar wel de Oostenrijkse standaardtaal en de Duitse schrijftaal. Ik begon al vroeg boeken te lezen, al in de basisschool, kort nadat ik een bepaald leesvermogen had ontwikkeld, alsook door mijn moeders invloed. Ik herinner me een serie boeken voor jongeren waarin alle boeken een donkerrode rug hadden. Deze serie verzamelde klassiekers uit de literatuur, waarvan sommige specifiek voor kinderen waren geschreven, maar anderen waren vereenvoudigde monumenten van de wereldliteratuur die werden ingekort voor kinderen. Je vond er *Schateiland, De lotgevallen van Tom Sawyer, Moby-Dick* en *Gullivers Reizen* in terug. Pas jaren later merkte ik dat ik vooral gevoed werd met vertalingen van Engelstalige literatuur (maar zonder bijbedoelingen). De boekenreeks bevatte misschien ook *Twintigduizend mijlen onder zee* of *Pinokkio*, maar dat ben ik vergeten. Wat ik me wel kan herinneren is het verhaal van een Indiase jongen die, vermoedelijk in de zeventiende of achttiende eeuw, in de bossen van de Appalachen leeft, worstelt met opgroeien en door een test van moed verdwaalt in de bossen. Ik denk niet dat het een bekende literaire grootheid was, want de titel vervaagde in de mist van mijn vroege jeugd.

Voor Kerstmis maakte ik lijstjes waarop ik nauwkeurig bepaalde wie in de familie mij welk boek moest geven. Bij mijn oudtante wist ik dat ik moest zoeken in een (gelimiteerde) catalogus van een boekenclub, bij anderen kon ik vrijer handelen. Meestal werkte het – mijn ouders zorgden ervoor dat mijn boekwensen uitkwamen. Ik denk dat ik nog geen tien was toen ik *De veertig dagen van de Musa Dagh* van Franz Werfel wenste. Het was waarschijnlijk enkel de kleurrijke omslag die me aansprak, want er moesten decennia voorbijgaan voor ik het eindelijk las. Toen ik in de basisschool zat, begon ik een verzameling Karl May-boeken die ik als zeer beroemd beschouwde, maar waarvan ik bijna alleen die delen las die zich in Noord- of Zuid-Amerika afspeelden; toen ik op een tv-programma hoorde dat May zo goed als onbekend is buiten de Duitstalige landen, was ik geschokt. Mijn verlanglijstjes voor Kerstmis bevatten voornamelijk non-fictie en de eerste klassiekers uit de wereldliteratuur. Toen ik vijftien was en samen met mijn schoolvriend Peter Anglo-Amerikaanse sciencefiction ontdekte en boeken in het Engels verslond, begon ik ze zelf te ko-

14

pen (gelukkig waren SF-paperbacks erg goed-koop). Overigens ontstond het verlangen om zelf sciencefictionverhalen te schrijven, en gaf ik ze door aan mijn docenten van Frans en Engels, omdat zij de papieren die ik volgeschreven had met mijn huiveringwekkende verhalen moesten corrigeren (wat ze gewillig deden – een late dankjewel voor deze!).

Ik kan niet zeggen wanneer ik precies op meer literaire werken ben overgestapt. Mijn eerste lezing van Kafka's *Het proces* bleef echter in mijn geheugen hangen: ik begreep er bijna niets van en kwelde mezelf door met deze saaie tekst te worstelen waarin ik niet eens meer wist wat ik twee pagina's eerder gelezen had. Vandaag glimlach ik erom, hoofdschuddend, omdat ik Kafka's *proces* tot een van de grootste romans in de wereldliteratuur beschouw.

Het was dan ook de wereldliteratuur wat me aantrok in mijn eindexamen. Omdat mijn leeslijst zo vol vreemde talen stond (natuurlijk meestal in vertaling) dat mijn lerares me aanspoorde om hem goed uit te dunnen en, alsjeblieft, wat meer Goethe-Schiller-Stifter-Schnitzler op te nemen. Wat ik met tegenzin deed. (En toen was ik teleurgesteld dat ze me niet eens vroeg wat ik dacht dat geweldige wereldliteratuur was.)

In mijn laatste jaar van het *voortgezet onderwijs* vroeg ik mijn ouders om een verzamel box van de onlangs gepubliceerde werken van Paul Celan. Ik was vreselijk teleurgesteld dat niets ervan onder de boom lag, maar ik hield moedig mijn mond. Pas toen mijn moeder me apart nam, verklaarde dat de bezorging door de uitgever te lang had geduurd en me een tegoedbon gaf, werd deze avond gered (en ik schaamde me stiekem dat ik meteen in tranen had gereageerd). Na de vakantie liep ik opgewekt naar de boekenwinkel op het *Graben* naast het Weense Stephansdom, dat er vandaag niet meer is, om me mijn nieuwe schat toe te eigenen.

De wegwijzers

Misschien ben ik dit aspect van waarom ik schrijf vergeten te vermelden: een hele reeks schrijvers publiceerden aantekeningen, essays of zelfs hele boeken over het onderwerp. Het is duidelijk dat een schrijver graag met deze soort teksten werkt. Dus – en dat bedoelde ik met vergeten – kwam de vraag naar het waarom schrijven uit de literatuur zelf naar voren. Alleen al vanwege mijn filologische studies kwam ik herhaaldelijk dergelijke uitspraken tegen.

Een van de eersten die de vraag opriep van het waarom schrijven, was Jean-Paul Sartre. Een auteur en filosoof wiens geschriften ik leuk vond op school. Ik las de toneelstukken en romans van kaft tot kaft, onderzocht Sartres filosofie en autobiografische geschriften, en toen kreeg ik het boekje *Qu'est-ce que la littérature ?* in handen. Ik verslond dit essay, niet zozeer als student, maar eerder als toekomstig auteur (en las het vele jaren later een tweede keer). In navolging van zijn begrip van het existentialisme hield Sartre vast bij de stelling dat literatuur niet zou kunnen bestaan zonder een (politieke) inzet of, in zo'n geval, waardeloos zou zijn. Hij geeft voorbeelden en werkt het politieke of sociale *engagement* van veel hedendaagse teksten uit, maar valt tegelijkertijd de auteurs aan die meer toegewijd waren aan kunst, die voortkwamen uit de symboliek of die zich aan de stelregel van *l'art pour l'art* hielden. Literatuur wordt volgens Sartre altijd voor anderen geschreven, en daarom heeft het focussen op de kunst zelf absoluut geen zin.

Het essay van Sartre maakte indruk op mij, daar bestaat geen twijfel over. Hij vleide mijn jeugdige ideeën, en als ik naar mijn vroegere publicaties in literaire tijdschriften kijk, die eigenlijk huiveringwekkend slecht waren, is het me duidelijk dat ik op dat moment op een bepaalde manier probeerde sociaal-politiek actief te worden en deze toewijding in mijn teksten tot uitdrukking te brengen. Desalniettemin gaf het lezen van Sartres boek me een misnoegd gevoel, omdat ik het niet leuk vond dat hij een hele reeks auteurs veroordeelde en verwierp (waarvan ik sommigen zeer waardeerde). In de loop der jaren raakte ik er steeds meer van overtuigd dat Sartres inzet een gelegenheid biedt om te schrijven, maar zeker niet de enige is en vooral niet verplicht.

Gertrude Stein sloeg een stap over in haar boek *How to write* en vroeg zich niet eens af waarom iemand schrijft of zou moeten schrijven. Ze aanvaardt het zonder commentaar en gaat in op schrijftechnieken en de taalkundige hulpmiddelen die schrijvers zouden moeten internaliseren om goede literatuur te produceren.

George Orwell hield zich tijdens zijn (korte) leven bezig met politieke en ideologische taal. Zijn motivatie om te schrijven was een politiek engagement, in de geest van Sartre, en de vraag waarom hij van alle mensen deze lijn nam, wordt beknopt beantwoord in het korte essay *Why I write* met zijn ervaringen als jonge man in de Britse koloniën en kort daarna in de Spaanse Burgeroorlog. De verklaringen van de Catalaanse schrijver Montserrat Roig (die ook veel te vroeg stierf) klinken gelijkaardig: ze schreef haar impuls tot het schrijven toe aan de onderdrukking waaraan de Catalaanse bevolking onder Franco brutaal werd blootgesteld. Haar landgenoot Josep Pla, die ondanks de fascistische dictatuur een prachtig literair werk creëerde, voelde waarschijnlijk een soortgelijke aanzet.

In zijn essay *Why write?* beweert Paul Auster dat hij min of meer toevallig begon te schrijven, simpelweg omdat hij geen handtekening had gekregen van de honkbalster die hij op achtjarige leeftijd bewonderde door gebrek aan een pen, en voortaan altijd een potlood bij zich had. En op een gegeven moment, stelt hij, als je altijd een potlood bij je hebt, zou je het ook gaan gebruiken – zo werd hij schrijver.

Veel van mijn collega-schrijvers onderscheiden daarom een duidelijke motivatie voor hun schrijven; auteurs als Sartre zijn zelfs in staat hun werk theoretisch te beschrijven en op die manier te rechtvaardigen.

Toch heb ik mijn twijfels. Ik kan me niet helemaal voorstellen dat iemand literatuur kan maken als deze vaardigheid of instelling niet vanaf het begin inherent was aan de persoonlijkheid van de toekomstige schrijver. De motivatie van de tekstproductie kan vroeg of laat aan het licht komen, maar ik geloof niet in een externe oorzaak of rechtvaardiging.

De school

Heeft de school invloed op de ontwikkeling van een schrijver? Ik denk dat het antwoord zowel *ja* als *nee* is. Het staat buiten kijf dat we op school leren lezen en schrijven. We worden geconfronteerd (dat was althans het geval in de jaren zeventig en tachtig) met boeken en literatuur, en we worden aangemoedigd om korte verhalen en gedichten te interpreteren. (Je kunt je de interpretatie van poëzie ongeveer voorstellen als de huidige voedingsindustrie: eerst wordt alles opgesplitst in zijn afzonderlijke delen, en dan zet je het weer in elkaar volgens een nieuw recept.) De Duitse klas (of taalklas in het algemeen) laat zeker zijn sporen na, en dat geldt ook voor zijn leraren die taalkundig en verhalend talent kunnen bevorderen of uitschakelen. Ik kan met een zuiver geweten beweren dat mijn leraren tot mijn supporters behoorden, hoewel ik niet weet in hoeverre zij zich hiervan zelfs maar bewust waren.

Maar laten we beginnen bij het begin: ik heb schrikbarend weinig herinneringen aan de basisschool en moest mijn moeder geloven toen ze zei dat mijn lerares op de basisschool veel belang hechtte aan goed Duits en correcte spelling bij haar leerlingen.

Het moet in de vierde klas zijn geweest dat ik heel veel krasplaatjes vond, waarschijnlijk in kauwgompapier of verpakkingen van andere snoepjes, die je in notitieboekjes kon plakken, op het papier (en waarschijnlijk ook op andere voorwerpen). Ik smeekte mijn moeder om een vocabulaireboek met drie kolommen, dat ik voortaan als mijn eigen geheim beschouwde. Op elke pagina, 's avonds en soms zelfs in bed, schreef ik een kort verhaal en plakte bijpassende krasplaatjes tussen de regels. Het ging over piraten en Chinezen, over avonturen op zee en gevechten tegen de monsters waarvan ik toen dacht dat ze in de oceaan leefden. Af en toe werd een verhaal te lang, dus gebruikte ik een dubbele pagina; het moest natuurlijk een linker- en een rechterpagina bevatten, want ik haatte het om de bladzijden midden in het verhaal om te slaan. Ik schreef alles netjes in inkt en in een lettertype dat we in mijn land kaboutertjes-handschrift (*Heinzelmännchenschrift*) noemen, dus in gescheiden karakters, zodat het nageslacht op een dag mijn gekriebel zou kunnen ontcijferen. Als ik het mis had en een woord moest overschrijven of verwijderen, ergerde ik me groen en geel, want ik was al op een leeftijd

22

gekomen dat ik een bepaald gevoel voor esthetiek ontwikkeld had. Ik wilde absoluut een leuk verhalenboek maken.

Het doet mijn ziel pijn dat deze kinderlijke poging tot schrijven het niet heeft overleefd.

De volgende mijlpaal, als het er al een is, kwam ik tegen in de laatste klas van de basisschool. Ik besloot een toneelstuk te schrijven, het vervolgens met mijn klasgenoten te repeteren en het op school uit te voeren. Een docent voor Duits (niet de mijne) stemde ermee in om onze repetities 's middags te bewaken, officieel betekende dit dat hij ons begeleidde, wat vaker resulteerde in een luid gesnurk. We kochten crêpepapier, lijm en gekleurde kartonnen dozen omdat we Romeinse en Gallische kostuums moesten maken met de weinige middelen die we hadden. Mijn stuk ging over de onoverwinnelijke Galliërs in Armorica – een goedkope kopie van een Asterix-strip, waarvan ik het basisidee wilde opvoeren. De eerste teleurstelling kwam toen ik het stuk eindelijk af had en het naar de les bracht: het was maar drie pagina's lang, met enkele regelafstand op A4-vellen getypt; maar drie pagina's, die binnen hoogstens twintig minuten waren doorgespeeld. Mijn kameraden rolden met hun ogen en spraken botweg hun verontwaardiging uit. De hele zaak liep mis en de leraar wilde 's middags niet langer op school blijven (misschien waren we te luid voor zijn welverdiende slaap). Het speet me zo, maar ik heb geluk dat mijn geblunder niet veranderde in een nog grotere ramp.

In de tweede klas van het middelbaar onderwijs kregen we een andere, nieuwe en nog heel jonge lerares voor Duits.

De lerares

Ze was net geslaagd voor het onderwijsexamen en begon haar positie als Duitse en uiteindelijk ook als wiskundelerares op ons gymnasium: Christine Hollmann. Zoals je van beginnende leraren mag verwachten, was ze buitengewoon betrokken en gemotiveerd. Ik denk dat we haar eerste leerjaar waren, en toen struikelde ze over: mij.

Hoewel slecht gedrag nooit echt mijn stijl was, gedroeg ik me rebels, ondeugend en grenzeloos arrogant in de eerste weken en maanden van de Duitse lessen. Ik luisterde niet, negeerde de lerares, gaf haar geen antwoorden en liet deze hoogstens door mijn kameraden bezorgen. Misschien voelde ik me superieur ten opzichte van de zogenaamd zwakke lerares, misschien wilde ik één keer de *klootzak* van de klas zijn — om eerlijk te zijn, ik heb absoluut geen idee welke demon me toen in zijn macht had.

Maar mevrouw Hollmann zette door. Ze probeerde me objectief te beoordelen, verborg haar woede voor mij en zeker ook haar wanhoop. Ze prees de taalkundige kwaliteit van mijn strafwerken, al bespotte ik haar regelmatig met het hoge aantal woorden erin.

En toen deed ze iets, misschien weken te laat, maar uiteindelijk net op tijd, wat het enige juiste was in deze situatie: ze riep mijn moeder op! En ik was nergens meer bang voor dan voor haar (wat de lerares niet had kunnen weten).

Ik herinner me nog goed de dag wanneer mijn moeder naar haar spreekuur kwam. We hadden Hollmann het laatste uur van de dag, en dus was zij het die ons uiteindelijk uit de school losliet. Mijn maag voelde misselijk aan, dus ging ik naar haar toe en vroeg haar neerslachtig hoe mijn moeder had gereageerd. Maar in plaats van een antwoord te geven, viel ze compleet uit de lucht (ik denk dat ze bijna om mijn nek wilde vliegen) en riep: 'Lieve Klaus, je praat eindelijk tegen me!'.

Vanaf dit gesprek waren mijn vreemde aanvallen verleden tijd. Binnen zeer korte tijd merkte ik dat ik de mislukte start niet meer kon verklaren. Maar aangezien onze lerares in mijn hogere jaren als nogal streng werd beschouwd, had ik lange tijd het stressvolle gevoel dat ik haar verpest had met mijn abominabel gedrag. (Nu weet ik dat ze haar toewijding en openheid nooit verloren had.)

Waarom vermeld ik dit allemaal? Ik ben deze lerares dank voor vijf jaar uitstekende Duitse lessen verschuldigd. Toch was ik niet altijd even aandachtig, en ik herinner me talloze momenten tijdens mijn Duitse studies toen ik dacht: 'nou, dat heb ik eerder in het Duits gehoord!'. Ze presenteerde ons de geschiedenis van de Duitse taal en een kleine inleiding tot het Middelhoogduits, ik kon stoom afblazen in de literatuur en mocht de onderwerpen van mijn presentaties heel vrij kiezen.

Het was deze Duitse lerares die mijn schoolvriend Peter en mij op de hoogte bracht van de wedstrijdserie *Jonge Literatuur uit Oostenrijk*, georganiseerd door de uitgeverij *Bundesverlag*. Waarschijnlijk was het haar intentie dat we gezamenlijk als klas zouden stemmen voor een ingezonden werk (want met een beetje geluk kon je een klasprijs krijgen), maar voor Peter en mij was het meteen duidelijk dat we onze eigen werken zouden indienen.

We waren zeventien en tot dan toe schreven we alleen sciencefictionverhalen en bizarre anekdotes in huiswerken en examens die overstroomden van overdrijving en fantasie. Het exacte proces ben ik al lang vergeten, maar ik beschouw dit moment, de start van de literaire schrijfwedstrijd die de Duitse lerares ons dichterbij had gebracht, als het begin van een serieuze en permanente literaire productie. Ik had natuurlijk nog veel te leren en nog een lange weg te gaan (waar ik toen nog geen idee van had), en de jeugdprijs van de bank *Erste Österreichische Spar-Casse* voor een novelle, die ik in het najaar na mijn afstuderen won, vooral via de voorspraak van Hans Weigel in de jury, was op zijn best een kleine (struikelende) stap in de richting van mijn carrière als auteur.

De boeken (II)

Ik wilde oorspronkelijk tolken studeren. Ik verruilde dat voor een diploma vertalen nadat ik me realiseerde dat ik niet eens in staat was om een tekst die op de radio was gesproken ongewijzigd te herhalen – een belangrijke vereiste voor simultaanvertaling. Mijn talenten lagen duidelijk altijd in het schrift. Vanaf het tweede jaar van mijn studie volgde ik Engelse en Romaanse studies, maar al snel gaf ik Engels op, studeerde Frans en koos Duitse studies als tweede vak. Ik ging deze aanvullende studies aan omdat tolkinstituten absoluut niets met literatuur te maken hebben. Daar worden specialistische teksten vertaald, over economie, recht en techniek, en wellicht ook geesteswetenschappelijke artikelen, waartoe ook de literatuurwetenschap behoort. Maar niemand vertaalt daar werken van de literatuur.

In Romaanse en Duitse filologie mocht ik vrij regelmatig met literatuur omgaan, mijn groeiende bibliotheek aanvullen – dit keer met Franse literatuur – en mijn eigen teksten schrijven (als het ware terzijde).

Terwijl de existentialistische auteurs naar de achtergrond verdwenen, leerde ik de stroming van de *Nouveau Roman* kennen en leerde ik vooral de boeken van Alain Robbe-Grillet waarderen. Ik ontdekte André Gide en was in de ban van zijn vroege roman *Paludes*; ik maakte kennis met Gide's dagboeken door de professoren van Romaanse filologie en vond het late werk *Thésée* een taalkundige parel. Het proza van Nathalie Sarraute vond ik echter omvangrijk en oneetbaar, en het duurde jaren voordat ik iets kon leren van haar verfijnde taalvaardigheid.

De namen zijn zo talrijk dat ik ze nauwelijks kan bijhouden. Ik vermoed echter dat de Franse literatuur mij het duidelijkst heeft beïnvloed in mijn schrijven.

Ik vond mijn weg naar de Italiaanse literatuur via mijn tweede taal. Cesare Pavese en de taalkundig complexe romans van Carlo Emilio Gadda. Italo Calvino werd echter mijn favoriet: een lezing over Romaanse studies vestigde mijn aandacht op het geweldige boek (dat slechts bestaat uit verschillende beginstukken van romans) *Se una notte d'inverno un viaggiatore*, en vandaag neem ik nog steeds graag de wetenschappelijk-bizarre kortverhalen van de *Cosmicomiche* in de hand.

De vereniging

De literaire vereniging werd opgericht zonder mijn tussenkomst, maar Peter zorgde ervoor dat ik er bijna vanaf het begin bij kon zijn. We waren een bonte groep jonge mensen die niet alleen schreven, maar ook hun teksten wilden publiceren. De vereniging had ook het literaire tijdschrift TEXTE (ja, in hoofdletters): pagina's en tekstblokken getypt op de schrijfmachine, op een sjabloon geplakt, het geheel vervolgens een paar honderd keer gekopieerd en aan elkaar geniet. Alles natuurlijk handmatig. De weinige boeken en brochures die we kort daarna publiceerden, werden ook handmatig geproduceerd.

Tegenwoordig lijken bijna alle op deze manier gepubliceerde teksten mij nogal gênant: taalkundig ongepolijst, onjuist, soms lachwekkend, zelfs inhoudelijk. Het feit dat we verplichte exemplaren van elk gedrukt werk aan de Nationale Bibliotheek van Oostenrijk moesten afleveren, zorgt ervoor dat we deze puinhoop nooit meer ongedaan kunnen maken.

Naast de gepubliceerde korte verhalen en gedichten (die niets meer te maken hebben met wat ik vandaag over poëzie schrijf), schreef ik destijds ook romans en toneelstukken. In totaal heb ik vier romans geschreven. Gelukkig blijft daar vandaag niets meer van over, maar het heeft me geleerd wat het betekent om een groot stuk proza als een roman te plannen, ontwikkelen en voltooien. Met deze werken heb ik mezelf waarschijnlijk bewezen dat ik het *kan* (terwijl de drama's meer een drama waren en bewezen dat ik het *niet kon*).

Onze teksten waren *engagés*. (Sartre zou dat graag hebben gezien.) We schreven ijverig tegen de oorlog, voor gelijke rechten voor vrouwen, tegen geweld en voor milieubescherming (die toen nog in de kinderschoenen stond). We geloofden dat we met onze teksten de wereld konden verbeteren en wentelden ons tussen naïviteit en arrogantie. Nou, misschien kon het wel iets veranderen.

Eindelijk begon ik een nieuwe roman. Tot 1987, want dit nummer markeert het jaar waarin ik onverwachts vast kwam te zitten met al mijn projecten, plannen en dromen.

De onderbreking

Het jaar 1987 bracht verschillende keerpunten. Op de universiteit zat ik in de laatste fase van mijn studie en begon ik als freelancer voor vertaalbureaus te werken (merkwaardig genoeg zelden in mijn hoofdtalen, Frans en Italiaans, maar eerder met Portugese en Engelse teksten). Onze literaire vereniging vertoonde de neiging om uit te sterven en mijn collega's ontwikkelden zich professioneel in totaal andere richtingen. Ik kocht mijn eerste computer (een pc met een 8088-processor en een harde schijf van 20 MB [!], die me toen serieus te groot leek) omdat ik begreep dat ik een tekstverwerker nodig had om professionele vertaaldiensten te kunnen aanbieden. Maar het belangrijkste keerpunt was de geboorte van mijn eerste kind.

Plotseling gedwongen om de kost te verdienen voor een gezin, en wetende dat mijn jaarinkomen als schrijver niet eens een week zou overleven, zocht ik naar andere opties. Ik schreef een boek voor de Duitse uitgever Data Becker, over de tekstverwerker waar ik intussen zoveel over geleerd had, en begon al snel daarna deze software te onderwijzen in een onderwijscentrum. Bovendien was de rol als vader nieuw en aanvankelijk vrij complex, waardoor hij buiten de boot viel: de literatuur.

Ik was klaar met schrijven. Dat geloofde ik. Het kleine woord *voorlopig* kroop herhaaldelijk in mijn gedachten, maar ik probeerde het te onderdrukken. Na 1987 zouden er geen teksten meer geschreven worden. Dat geloofde ik ook. Achteraf gezien, zag het er toch anders uit. Toegegeven, er waren geen verhalen meer, geen korte verhalen en zeker geen nieuwe roman. De literaire vereniging werd stilletjes begraven en de weinige contacten die ik had, werden verbroken. Maar wat bleef en nooit kon worden uitgeroeid, was het zwakke gevoel dat ik eigenlijk wel een schrijver was!

Ik zag een activiteit, die ik nu beschouw als een soort vervangende handeling, als minder overtuigend. Ik schreef namelijk computerboeken en specialistische artikelen voor IT-tijdschriften in Oostenrijk, Duitsland en – in het Engels – het VK. Boeken over tekstverwerking, spreadsheets en het klaarmaken voor druk (DTP genoemd) …dit alles had niets te maken met schrijven in de enge zin, dat wil zeggen: met literair schrijven. Of misschien wel? Nou, ik heb vijf jaar lang niets met literatuur gedaan en er serieus onder geleden. Mijn non-fictie verhalen voeren een aparte koers en ik associeerde ze niet met literatuur. Pas veel later besefte ik dat deze activiteit mijn schrijfvaardigheid versterkte en aanscherpte. (Als je de taak krijgt om een uitgebreid, geïntegreerd kantoorpakket te bespreken en precies vijftien regels beschikbaar hebt in een smalle kolom van de krant, leer je automatisch de taal onder de knie te krijgen en laat je het omgekeerde nooit meer zeggen.)

Er zijn herhaaldelijk pogingen gedaan om eindelijk weer verhalen te schrijven, waaronder het idee om bizarre verhalen over computers te schrijven en deze vervolgens aan een IT-gespecialiseerde uitgeverij aan te bieden. Daar kwam niets van, en het papier was net zo blanco als mijn hoofd. Ik bewaarde slechts een paar dagboekaantekeningen op stukjes papier om ze jaren later bij elkaar te brengen.

In 1992 was mijn zoon vijf jaar oud. We hadden net de val van de Berlijnse muur achter de rug en ik verdiende mijn brood als software-instructeur. Ik had die dag laat gewerkt en waarschijnlijk een nieuw seminarie voorbereid. Net voor middernacht zette ik de pc uit en ging ik naar de badkamer. Op de een of andere manier voelde ik me raar: een licht gevoel leek me vast te grijpen, het leek wel op vliegen en ik dacht aan de lucht die langs mijn vingers stroomde. Nadat ik mijn tanden had gepoetst, bonkte mijn hart in mijn keel en ging ik naar bed. En toen zag ik het duidelijk voor me: de sprong, omhoog de lucht in, de Eiffeltoren onder me, ik voelde de zonnestralen op mijn wang en hoe de warme lucht over mijn handen gleed en tussen mijn vingers ging.

Koortsig, maar toch stil (om de familie niet wakker te maken), sprong ik op en krabbelde in een waanzinnig tempo een briefje vol aantekeningen in de woonkamer. Terug in bed lag ik urenlang wakker. De volgende dag wurmde ik me achter mijn computer en typte het korte verhaal van meerdere pagina's in één stuk. Een systeemcrash (zonder ik zelfs maar de kans kreeg een back-up te maken van de nieuwe gegevens) bracht me op de rand van een zenuwinzinking en ik moest opnieuw beginnen.

Met een innerlijke opwinding die ik nog nooit eerder had meegemaakt, vond de *Höhenflug* (*stijging*) plaats en de gelofte om nooit meer te stoppen met schrijven.

De boeken (III)

En weer de boeken. Ze vergezellen me van jaar tot jaar, van decennium tot decennium. Maar het type boeken dat ik lees, verandert. Dit heeft niet alleen te maken met de zich ontwikkelende leeftijd, maar ook met die dingen die momenteel in de belangstelling staan, die mij om verschillende redenen interesseren (die puur privaat of professioneel kunnen zijn). Specifiek in het begin van de jaren 2000: in 2001 en 2002 had ik de grote kans om de technische conferenties van Microsoft bij te wonen voor het bedrijf waarvoor ik werk, en die vonden plaats in Barcelona.

Ik leerde het Catalaans voor het eerst kennen toen ik zeventien was. Tijdens mijn Romance studie was ik geïnteresseerd in de Catalaanse cultuur, die in die tijd op zijn best een nevenactiviteit was op de universiteit. Voor mijn afstudeerscriptie zocht ik een onderwerp dat met Catalonië te maken had, maar ik moest de scriptie in het Frans schrijven.

Terwijl ik door de Catalaanse hoofdstad zwierf, als onderdeel van het ondersteunende programma voor de IT-conferenties en langs verschillende boekhandels liep, die tot mijn vreugde zeer lange openingstijden hadden (tot negen of tien was heel gewoon), veranderde mijn taalvaardigheid. Mijn niveau van het Catalaans was tot dan toe nogal rudimentair, ondanks de vele inspanningen van mijn vriend Joan, de schoolleraar Catalaans, die me jarenlang veel informatie en leermateriaal van het *Principat* verstrekt had. Toen ik terugkwam van de conferenties in Barcelona, had ik ongeveer vijftig boeken in mijn koffer, waaronder actuele Catalaanse literatuur en non-fictie over politieke, culturele en juridische onderwerpen.

Dat alleen zegt niet veel; het verklaart hoogstens hoe de ruimte op mijn boekenplanken alsmaar kleiner werd.

In ongeveer twee en een half jaar las ik al deze boeken uit, meer dan zevenduizend pagina's. Deze lezing, die oorspronkelijk niet gepland was, legde niet alleen de basis voor een gedegen taalvaardigheid, maar ook voor een poëzieproductie in het Catalaans, die kort daarna spontaan begon.

Mijn bibliotheek groeide. In een van mijn romans laat ik de protagonist zijn boekenschat op een humoristische manier beschrijven als zijn *eerste*, *tweede* en *derde* bibliotheek. Ik heb dat nog nooit in mijn eigen leven gedaan, maar het zou hebben gekund.

De Catalanen

Het gebeurde op een nacht. (Natuurlijk was het donker – elke nacht is donker!) Ik was net naar bed gegaan, kon nog niet slapen, en verschillende woorden en fragmenten van zinnen vlogen door mijn hoofd – fragmenten van Catalaanse zinnen.

Ik deed de lamp weer aan, haalde een briefje van het bureau en krabbelde met een potlood de stukjes zinnen die door mijn hoofd spookte. En dan nog een. En nog een.

Hoe zal ik het zeggen: ik keek naar de lijnen op mijn papier en de lijnen keken naar mij. En nadat we elkaar een tijdje hadden aangekeken, dacht ik half hardop: 'Kijk eens, dat is een gedicht…'.

In de dagen daarna werden er meer van dergelijke aantekeningen gemaakt. Natuurlijk was ik me ervan bewust dat de enorme hoeveelheid Catalaanse boeken die ik de afgelopen maanden had gelezen in mijn hoofd een eigen leven was gaan leiden. Afzonderlijke woorden en zinnen, ergens gelezen, gecombineerd om iets nieuws te vormen waarvan ik nog niet wist wat ik ervan moest denken. Ik besloot alles te verzamelen en op te schrijven. Een paar weken later had ik een tekstverwerkingsbestand van iets meer dan honderd pagina's. Onderverdeeld in drie secties bevatte het verschillende soorten poëzie. In het ene waren de gedichten erg kort, bijna als haiku's, het tweede vertelde korte, onafhankelijke verhalen en incidenten, en het derde deel verzamelde reflecties over de drie steden die op een bepaalde manier mijn leven bepalen: Wenen, Parijs en Barcelona.

Nog steeds niet beslist wat ik met deze bundel moest doen, besloot ik iemand om advies te vragen. Ik nam contact op met mijn Catalaanse vriend Josep, een gevestigde schrijver, en vroeg hem om zijn mening. Eigenlijk vroeg ik hem of hij de teksten waardeloos vond, en hij moest geen blad voor de mond nemen.

Maar dat was helemaal niet het geval. Integendeel. Tot mijn verbazing vond hij deze gedichten leuk, en vooral de korte, die niet eens een titel hadden. De correcties die hij aanbracht in mijn manuscript, waren een nog grotere verrassing, omdat hij verrassend weinig fouten aantrof in de verzen. In ongeveer een kwart van de gedichten markeerde hij fouten – soms een spelfout, soms een verkeerd woord of een onbegrijpelijke formulering – en de rest bleef onaangeroerd.

Natuurlijk zijn er niet veel van deze allereerste gedichten bewaard gebleven. Het een of het ander vond zijn weg naar mijn eerste dichtbundel in een aangepaste vorm, al het andere heb ik verwijderd. Josep (beter bekend als J.N. Santaeulàlia in de Catalaanse gebieden) schreef een voorwoord bij dit debuut van Catalaanse gedichten, *Vermells*. Het lukte me om het boek door een Catalaanse uitgeverij van auteurs te laten publiceren, als tweetalige editie, omdat ik er ook een Duitse vertaling (*Röten*) bij had geleverd. (Het oorspronkelijke idee voor deze vertaling was dat ik het boek dan ook in Oostenrijk en Duitsland kon aanbieden. Wat was ik verbaasd toen ik me realiseerde hoe moeilijk het was om de poëzie die ik zelf geschreven had naar mijn eigen moedertaal te vertalen!)

Zonder de daaropvolgende reacties van de Catalanen was het waarschijnlijk gewoon een stout en gedurfd experiment geweest. Maar ik veroorzaakte heel wat opschudding met mijn boek. Ik had zelf contact gelegd met het dagblad AVUI en de hoofdredacteur vroeg meteen een van zijn medewerkers om een artikel over mij te schrijven. Na een kort e-mailcontact, waarin ik probeerde zo nauwkeurig mogelijk antwoord te geven op haar vragen (er was natuurlijk ook een '*waarom* ik in het Catalaans schrijf'), verscheen het artikel in de sectie cultuur en gooide me letterlijk van mijn stoel: een hele pagina op groot formaat inclusief een enorme foto van mij (wat op zijn beurt bij mij het vermoeden wekte dat ze eigenlijk niet veel wilde schrijven). Een dag later nam de redactie van de Catalaanse radio, *Catalunya Ràdio*, plots contact met me op via de telefoon. Ze zeiden dat ze al op verschillende manieren hadden geprobeerd contact met me op te nemen (dit werd kort daarna bevestigd door mijn uitgever) en wilden een interview met me doen tijdens een populaire talkshow in het vroege avondprogramma. Live en op dezelfde dag. Ik herinner me mijn nervositeit nog goed, maar de presentator van de show had alles onder controle en sprak zo (een beetje langzamer en duidelijker) dat ik elk woord gemakkelijk kon begrijpen en zijn vragen dienovereenkomstig kon beantwoorden. (Daarna bekende ik in een e-mail aan de redactie hoezeer ik huiverde van nervositeit en dat ik nu mijn doorweekte T-shirt moest verschonen). Even later publiceerde een onlinekrant een recensie van mijn boek door een vriend van mij, Marta Pérez i Sierra, en maanden later ontdekte ik toevallig dat er een artikel over mij was gepubliceerd in het prestigieuze *Enciclopèdia Catalana*.

Ten minste één belangrijke reden voor het schrijven is de motivatie, die enorm werd aangewakkerd door het enthousiasme van de Catalanen voor mijn Catalaans boek.

Ik zag geen reden om te stoppen en schreef meer dichtbundels. Natuurlijk bleef ik de taalkundige en literaire kwaliteit van mijn gedichten wantrouwen. Hoezo? Dat wordt eenvoudig uitgelegd: ik was me ervan bewust dat veel Catalanen zich gevleid voelen omdat ik, als niet-Catalaan, zonder enige familieband met dit land, mijn gedichten in het Catalaans schrijf, in een taal die onder grote politieke druk staat en die internationaal voor veel mensen zelfs onbekend is. Ik vermoedde dat dit de enige reden was waarom ze mijn teksten zouden prijzen en waarderen. Maar een paar jaar later, namelijk in 2014, won ik een Catalaanse poëzieprijs (*Premi de Poesia Parc Taulí*) met een ander manuscript en overwon zo alle moedertaalsprekers. Nu was er geen excuus meer en accepteerde ik het besef dat als mijn gedichten niet goed genoeg waren, ze me ook geen literaire prijs zouden geven.

Het antwoord op de vraag waarom ik Catalaanse poëzie schrijf, lijkt niet heel eenvoudig. Wat min of meer toevallig ontstond op basis van mijn leesgewoonten, kreeg zo'n boost van de enthousiaste reactie van de Catalanen dat dit, in het geval van een Oostenrijkse, nogal ongebruikelijke rubriek, een integraal onderdeel vormt van mijn literatuur. In feite zijn Catalaanse gedichten nu veel gemakkelijker voor mij dan Duitse. Dat klinkt ongebruikelijk en dat is het zeker. Maar misschien is het waar, zoals Samuel Beckett het ooit in zijn vergelijkbare, tweetalige situatie verwoordde, dat ik zorgelozer, vrijer en op een bepaalde manier moediger beweeg in mijn vreemde taal.

Het waarom

De vraag om het *waarom*. Werkt het zelfs? Het klinkt banaal om simpelweg te antwoorden: omdat ik moet. En het was precies dat, de banaliteit en afgezaagdheid, waarvan mensen me beschuldigden wanneer ik zo op de vraag probeerde te antwoorden.

Het kan best zijn dat dit moeten, het moeten-schrijven, afgezaagd klinkt. Maar betekent dat niet ook dat veel schrijvers zich ook zo voelen?

Dit moeten-schrijven, het niet-kunnen-loslaten en op een bepaalde manier het gedreven-worden-om-dat-te-doen, weven als een rode draad door de hele literatuurgeschiedenis. Franz Kafka vergeleek het zelfs met een ongeneeslijke ziekte.

Auteurs worstelen soms met een schrijversblok (wat gemeengoed is in de literaire wereld), maar ze denken er niet aan om simpelweg te stoppen met schrijven. En als ze overwegen hun baan op te zeggen en deze gaan implementeren, beseffen ze al snel dat ze (net als ik) niet in staat zijn om het te doen. Als je schrijft, stop je niet zo gemakkelijk. De schrijvers kunnen misschien veel doen, maar één ding kunnen ze niet: stoppen. (En als ik erachter kom dat iemand in staat was om te stoppen met schrijven, betwijfel ik of hij het ooit serieus heeft genomen.)

De ontwikkeling om schrijver te worden kent geen regels. De benaderingen, de creatieve processen en wat algemeen bekend staat als inspiratie, zijn verschillend. Het opsporen van de motivatie van auteurs leidt elke keer tot een nieuwe ontdekking of is totaal ondoeltreffend omdat het bewijsmateriaal te zwak is.

In de praktijk heb *ik* nooit een notitieboekje (of notitieblok) en pen meegenomen. Ik vind het ook overdreven dat alleen al hun aanwezigheid een literair schrijfproces zou moeten activeren. Voor mij is het meer zo dat veel ideeën zomaar opduiken als er net geen manier is om ze op te schrijven: naakt en nat in de douche, ergens zonder schrijfmiddel onderweg, tijdens een belangrijke bedrijfsbijeenkomst. Vaak verdwijnen deze ideeën weer, wat me verdrietig (en humeurig) maakt, en zo nu en dan komen ze terug. Misschien is het mijn geheugen, waarvan ik geloof dat er *niet altijd* op kan worden vertrouwd; of is het logisch dat die ideeën die van mij verdwijnen en nooit meer terugkeren bij nader inzien sowieso waardeloos zijn en dus niet het vermelden waard.

Eigenlijk vind ik dit niet leuk, dit *waarom*. Het voelt hardnekkig, plakkerig en onaangenaam aan. De reden waarom de vraag rijst, gaat mijn kennis te boven en misschien ook niet. Het is ook duidelijk dat deze vraag me altijd zal achtervolgen en vinden, waar ik me ook probeer te verbergen. Het waarom is een onbeminde metgezel die me dwingt ermee om te gaan. Levenslang.

Nou dan?

Ik schrijf omdat ik mezelf erin uitdruk. Ik schrijf omdat het overeenkomt met mijn zelfbeeld als persoon en als lid van deze samenleving. Ik schrijf omdat het zo moet zijn. Ik schrijf omdat de aarde rond de zon draait, de planeten hetzelfde doen, onze centrale ster op haar beurt rond het centrum van de Melkweg beweegt, omdat het aantal en de afmetingen van de hemellichamen de mentale capaciteit ver overtreffen en we er zo bitter weinig over weten.

Ik schrijf omdat ik ben.

Klaus Ebner werd in 1964 in Wenen, Oostenrijk, geboren en woont nu met zijn gezin in Schwechat. In de jaren 80 studeerde hij Romaanse en Duitse filologie. Hij schrijft kort proza, korte verhalen en romans, essays, evenals poëzie in het Catalaans en Duits.

Hij ontving de *Wiener Werkstattpreis 2007*, de tweede prijs in de 'Korte Proza Competitie' van de Oostenrijkse Schrijversvereniging 2010 en de Catalaanse poëzieprijs *Parc Taulí 2014*.

Verkrijgbaar in Duits (D.) of Catalaans (C.):
'Wortspieler', D. essay, 2020
'Forats', C. poëzie, 2020
'Vestigis', C. poëzie, 2020
'Hominide', D. verhaal, 2016
'Blaus/Bläuen', C./D. poëzie, 2015
'Andorranische Impressionen', D. essay, 2011
'Dort und anderswo', D. reisessays, 2011
'Vermells/Röten', C./D. poëzie, 2009

www.klausebner.eu